Katharina Bäcker-Braun

Die 50 besten
Spiele für Tagesmütter
und Tagesväter

DON BOSCO *MiniSpielothek*

**Gerne nehmen wir Ihre Anregungen,
Wünsche, Kritik oder Fragen entgegen:**
Don Bosco Medien GmbH, Sieboldstraße 11, 81669 München
anregungen@donbosco-medien.de
Servicetelefon: (089) 48008-341

Zugunsten der besseren Lesbarkeit wird in diesem Buch durchgehend die Bezeichnung „Tagesmutter" verwendet. Selbstverständlich sind damit auch die Tagesväter mitgemeint.

Bibliografische Information der Deutschen Nationalbibliothek

Die Deutsche Nationalbibliothek verzeichnet diese Publikation in der Deutschen Nationalbibliografie; detaillierte bibliografische Daten sind im Internet über http://dnb.d-nb.de abrufbar.

1. Auflage 2014 / ISBN 978-3-7698-2076-8
© 2014 Don Bosco Medien GmbH, München
www.donbosco-medien.de
Umschlag und Umschlagfoto: Manfred Lehner, Blue Cat Design
Layout: Alexandra Paulus
Illustration Innenteil: Eva Gnettner
Produktion: Don Bosco Druck & Design, Ensdorf

Gedruckt auf umweltfreundlichem Papier

Inhalt

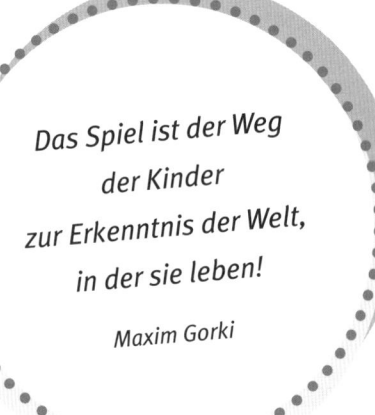

*Das Spiel ist der Weg
der Kinder
zur Erkenntnis der Welt,
in der sie leben!*

Maxim Gorki

Kinder entdecken im Spiel ihre Welt

Im vorliegenden Büchlein finden sich mit einfachen Materialien umzusetzende Spiele für (fast) alle Gelegenheiten.

Diese einfachen Materialien beinhalten für die Entwicklung von Kleinkindern einen hohen didaktischen Wert. Denn Materialien, die veränderbar und von daher gestaltbar sind, regen die Fantasie und den Gestaltungswillen der Kinder an. Und sie sind aus der Welt der Kinder. Daher können sie die Abläufe mit diesen Materialien gut nachvollziehen und verstehen. Da es sich um einfache, wertfreie Materialien handelt, entsteht auch kein nennenswerter materieller Schaden, wenn einmal etwas den Spieltrieb nicht übersteht.

Für kleine Kinder ist der Weg das Ziel, ausprobieren ist ihnen wichtiger als das Ergebnis. In diesem Sinne wünsche ich Ihnen und den Ihnen anvertrauten Kindern viel Spaß beim Spielen!

Spiele für alle Jahreszeiten

Entdeckungsreise

Wenn der Frühling endlich beginnt, ist es auch schon für kleine Kinder spannend, welche Blumen aus der Wiese „spitzen": Schlüsselblumen, Huflattich, Gänseblümchen …

Die Tagesmutter begibt sich auf eine Entdeckungsreise mit ihren kleinen Forscherinnen und Forschern: Wer entdeckt eine Blume? Sobald eine gefunden ist, begeben sich alle zu dieser Blume und begutachten sie genau. Welche Farbe hat sie? Welche Form haben die Blütenblätter und die Blätter? Wie ist der Stängel beschaffen? Wie fühlt sich die Blume an? Die Kinder streichen vorsichtig über die Blume. Wenn mehrere Blumen vorhanden sind, pflückt die Tagesmutter ein Exemplar pro Art. Nach dem Ausflug werden die Blumen noch in einer kleinen Vase bewundert und z. B. in einem alten Telefonbuch gepresst.

Wenn die Blumen gepresst sind, sehen die Kinder, dass eine Verwandlung passiert ist. Sie können jetzt auf ein Blatt Papier geklebt werden, das die Kinder mit Wachsmalstiften als Wiese bemalt haben. In einem Bilderrahmen bleiben die Blumen so immer eine Erinnerung.

Tipp

Die Blumenbilder eignen sich auch als Geschenk, z. B. zum Muttertag oder Geburtstag von Mama/Papa bzw. Oma/Opa.

Material

Blumen, kleine Vase, dickes Buch (z. B. Telefonbuch) zum Blumenpressen, Papier, Wachsmalstifte oder -blöcke, Kleber, evtl. Bilderrahmen

Essbarer Frühling

Im Frühling sprießen nicht nur Blumen auf der Wiese, sondern auch essbares „Un-Kraut", wie junge Blätter von Löwenzahn oder Brennnessel. Auch die frischen grünen Blätter mancher Baumarten, wie Birke, Buche, Kirsche oder Linde, sind essbar.

Die Tagesmutter sucht passende Pflanzen und zupft mit den Kindern kleine Blättchen ab. Wieder zu Hause, werden die Blätter betrachtet, ihre Adern und ihre Form, z. B. die Zacken, bewundert. Sie werden dann entweder einem Salat beigegeben oder zu einem Kräuterquark verarbeitet. Auf alle Fälle sollten die Kinder die Blätter auch unverarbeitet probieren. So erleben ihre Geschmacksnerven sicher die eine oder andere Überraschung.

Hinweis

Besprechen Sie unbedingt mit den Kindern, dass nicht alle Blätter immer essbar sind. Verwenden Sie nur Kräuter von ungedüngten Wiesen.

junge Blätter (z. B. von Birke, Buche, Linde, Löwenzahn, Brennnessel), grüner Salat, Quark

Wasser-Schüttspiel

Wenn am Ende eines schönen Sommertags das Planschbecken ausgeleert werden soll, kann auch dies spielerisch vonstattengehen.

Alle Kinder sitzen in einem mit Wasser gefüllten Planschbecken und versuchen, mit kleinen Eimern so viel Wasser wie möglich aus dem Planschbecken zu kippen. Wann sitzen sie auf dem Trockenen?

Material

Planschbecken, Wasser, Sandeimer

Spannende Sandspiele

Der rieselnde Sand

In den Boden eines großen Joghurtbechers werden einige Löcher gebohrt, am besten mithilfe eines Nagels. Wenn das Kind nun den vollen Becher in die Luft hebt, rieselt der Sand in mehreren „Rinnsalen" unten wieder heraus. Bei einem Becher mit Henkel lässt sich das noch besser beobachten.

Wenn der Sand nun in einen größeren, daruntergestellten Sandeimer rieselt, entdeckt das Kind, dass der Kübel nur zu einem Teil voll wird und macht die Erfahrung von unterschiedlichen Raumvolumina. Wie viele kleine Becher füllen wohl den großen Eimer?

Material

Joghurtbecher, Nagel, Zange, feiner Sand, ein größerer Sandeimer

Der Sandtunnel

Mit einem zu einem Berg aufgetürmten Sandhaufen lassen sich verschiedene Experimente ausprobieren, z. B. einen Tunnel durchgraben und erfahren, wann die

Statik des Bergs nachgibt. Hält der Tunnel, können kleine Autos durchgeschoben werden oder auch kleine Bälle.

Material

Sand, kleine Autos, kleine Bälle

Berg- und Talfahrt

Der Sandberg kann mit einer „Auto-Bahn" versehen werden, die spiralförmig vom Gipfel um den Berg herum nach unten verläuft. Dafür werden mit Wasser schmale Straßentrassen geformt. Nun können kleine Autos oder größere Murmeln den Berg hinuntersausen und die Tagesmutter beobachtet mit den Kindern welches Auto oder welche Murmel es bis ganz nach unten schafft, ohne vom Berg zu fallen.

Material

Sand, Wasser, kleine Autos, Murmeln

Wolkenzauber

Die Tagesmutter legt sich mit den Kindern draußen auf eine Decke und beobachtet die Wolken am blauen Himmel über ihnen. Manche Wolkengebilde sehen Tieren sehr ähnlich. Manches Tier hat vielleicht zwei Schnäbel oder drei Schwänze oder riesige dünne, lange Ohren oder drei dicke Beine ... Mit den Kindern gemeinsam werden die Wolken realen Tieren oder Fantasiegeschöpfen zugeordnet und benannt. Für jedes Tier wird auch überlegt, wie es sich wohl äußert, ob es vielleicht brüllt, brummt, quietscht, zischt ... Das entsprechende Geräusch wird mit den Kindern ausprobiert.

Wenn die Tagesmutter Papierblätter und Stifte mitnimmt, kann sie die Gebilde auf Papier zeichnen oder mit Deckweiß auf farbiges Tonpapier tuschen. Wieder zu Hause, gibt es dann das „Wolkentierbuch", aus dem auch noch ganz fantastische Geschichten von den Wolkentieren und ihren Abenteuern entstehen können.

Material

Decke, Papierblätter und Stifte (oder farbiges Tonpapier, Pinsel und Deckweiß)

Blätterverwandlung

Blättergirlande

Die Kinder sammeln Herbstblätter und fädeln sie auf einer Schnur auf. Durch das Zimmer gespannt, ergibt dies einen schönen Herbstschmuck. Das Besondere daran ist, dass die Kinder die Verwandlung der Blätter von Tag zu Tag beobachten können: Wie die Blätter ihre Farbe verlieren, vertrocknen und zu bröseln beginnen. Am Ende wird der Zimmerschmuck wegen seiner fortgeschrittenen Auflösung abgenommen.

Material

frische Herbstblätter, Schnur, dicke Stopfnadel

Blättertiere

Die gesammelten Herbstblätter werden zunächst gepresst, z. B. in einem alten Telefonbuch. Dann werden die Blätter auf großen Papierbögen ausgelegt und zu Tierfiguren verschoben. Durch das Verschieben können immer wieder neue Tiergebilde entstehen. Eventuell entstehen daraus auch kleine Geschichten. Lassen

Sie die Kinder erzählen: Was erlebt das Tier auf diesem Bild? Wie heißt es? Was mag es gern?
Aufgeklebt auf DIN-A4-Papierblätter, in Klarsichthüllen gesichert und mit einer schönen, durch die Löcher der Hüllen gezogenen Schnur zusammengebunden, können die Blättertiere als Bilderbuch noch lange die Fantasie beflügeln.

Material

gepresste Herbstblätter, dickes Buch (z. B. Telefonbuch), Papierbögen (DIN A4), Klarsichthüllen, Schnur oder Wolle

Mit Kastanien und Eicheln

Gerne sammeln die Kinder im Herbst möglichst viele Kastanien. Auch die Eicheln mit ihren kleinen Hütchen sind sehr beliebt. Mit diesem kostenlosen Naturmaterial gibt es viele Spielmöglichkeiten. Die glatten, wunderschönen Kastanien liegen wie Fühlsteine in der Hand. In einer großen Schüssel können die Kinder nach Herzenslust mit ihren Händen im „Kastanienbad" wühlen. Stellt man ihnen verschieden große Gefäße zur Verfügung, so ergeben sich einfache Schüttspiele. Ist gar eine ganze Wanne mit Kastanien vorhanden, dann können die Kinder als besonderes Sinneserlebnis sogar ein Vollbad darin nehmen.

Aus den Kastanien, Eicheln und Zahnstochern bastelt die Tagesmutter mit den Kindern gemeinsam Figuren (wie seit Generationen). Je nach Alter der Kinder, brauchen diese mehr oder weniger Hilfe dazu. Entscheidend ist auch hier die Erfahrung, etwas Neues entstehen zu lassen.

Die Figuren werden zu kleinen Wichteln, Zwergen oder anderen Gestalten in einem „Herbsttheater": In einer Schuhschachtel, die auf ihrer Langseite steht und mit Zweigen und Blättern dekoriert ist, können kleine Szenen gestellt werden. Hier können auch die stacheligen

„Häuser" der Kastanien eine wertvolle Verwendung finden.

Material

Kastanien, Eicheln, große Schüssel, verschieden große Gefäße, Ahle oder anderer spitzer Gegenstand zum Vorbohren, Zahnstocher, Schuhschachtel, Zweige, Blätter

Kristallwelten

Sobald es tagsüber und nachts Minusgrade hat, lässt sich diese Spielidee umsetzen: Sandförmchen oder kleine Kuchenformen werden mit Wasser befüllt und über Nacht draußen stehen gelassen. Mit diesen Kristallwelten können die Kinder bei entsprechenden Temperaturen draußen spielen, ohne dass sich diese auflösen. Eine kleine festgeklopfte Schneefläche dient als Untergrund und die unterschiedlichen Wesen können miteinander in Beziehung treten.

Drinnen im Zimmer werden die „eisigen Gesellen" zum Spielen auf ein Tablett mit hohem Rand oder ein Backblech gestellt. Dann beginnen sie, sich langsam aufzulösen. Auch dies ist eine sehr interessante Erfahrung für die Kinder!

Wurde in jede Form ein Gummibärchen miteingefroren, sehen die Formen noch netter aus und nach dem Schmelzen der Kristallwelten gibt es noch einen leckeren Trost …

Material

Sandförmchen oder kleine Kuchenformen, Wasser, Tablett mit hohem Rand oder Backblech, evtl. Gummibärchen

Schnee-Engel

Die Schnee-Engel gehören sicher zu den beliebtesten Kinderspielen im Schnee und sollen deshalb hier nicht fehlen! Das Kind legt sich im Schneeanzug mit geschlossenen Beinen auf eine frische Schneefläche, die Arme eng am Körper anliegend. Dann macht es „Flügel" in den Schnee, indem es die Arme seitlich nach oben führt. Auf die gleiche Weise entsteht mithilfe der Beine, die nach rechts und links bewegt werden, das Engelsgewand. Um dieses Schneebild nicht zu zerstören, setzt sich das Kind ganz gerade hin und die Tagesmutter zieht es in die Höhe, bis es steht.
Mit mehreren Engeln auf der Fläche, entweder durch mehrere Kinder gemacht oder durch ein und dasselbe Kind, das mehrmals einen Engel formt, entsteht ein weißer Himmel voller unschuldiger Engel ...

Material

Schneefläche, Schneeanzug

# Hexentanz

In manchen Landstrichen gilt die Faschings-, Fastnachts- oder Karnevalszeit als fünfte Jahreszeit. Daher soll auch hier ein Bewegungsspiel für eine kleine Faschings- bzw. Karnevalsfeier nicht fehlen. Die Kinder tanzen, rennen und hüpfen zu fröhlichen Kinderliedern oder Faschingsmusik wild durcheinander. Sobald die Tagesmutter mit der Pause-Taste am Abspielgerät die Musik unterbricht, bleiben alle stehen. Wenn die Musik wieder ertönt, rennen, hüpfen und tanzen die Kinder wieder los. Je nach Alter der Kinder kann auch als Regel eingeführt werden: Wer beim Musikstopp nicht stehen bleibt, muss eine Runde aussetzen. Das betreffende Kind sitzt dann einfach auf dem Boden, bis der nächste Musikstopp ertönt. Dies ist nur für Kinder geeignet, die diese Regel kognitiv schon erfassen können. Der Hexentanz begeistert alle Kinder und ist auch für Kindergeburtstage eine tolle Sache!

Material

Musik und Abspielgerät

Spiele für alle Sinne

Duft-Memo-Spiel

Auf jeweils einen Wattebausch werden einige Tropfen eines Duftöls (Zitrone, Orange, Lavendel u. Ä.) gegeben und dann dürfen die Kinder daran riechen. Wer mag welchen Duft am liebsten? Kennen die Kinder etwas, das auch so duftet?

Dann werden auf jeweils einen zweiten Wattebausch die gleichen Düfte getropft. Alle Wattebäusche werden nun auf ein Tablett gelegt und die Kinder können die „Duftpaare" herausfinden.

 Material

verschiedene Duftöle, Wattebäusche, Tablett

 # Obst-Kim

Die Tagesmutter wählt mit den Kindern drei Obstsorten aus, z. B. einen Apfel, eine Birne und eine Banane. Sie legt dieses Obst auf den Tisch und deckt ein Tuch darüber. Nun schließen die Kinder die Augen oder drehen sich um. Simsalabim, jetzt ist eine Obstsorte weggezaubert! Welche fehlt?
Sobald die Kinder die fehlende Obstsorte erraten, holt die Tagesmutter diese wieder hervor und legt sie wieder zu den anderen. In der nächsten Runde wird eine andere Obstsorte entfernt. Je nach Entwicklungsstand der Kinder kann dann die Anzahl der Obstsorten erhöht werden. Danach wird ein leckerer Obstsalat daraus gezaubert!

Variation

Mit älteren Kindern kann auch schon die folgende Variante gespielt werden: Es wird nur eine Obstsorte verwendet, aber davon mehrere Exemplare. Zunächst werden sie gemeinsam gezählt. Dann kommt das Tuch darüber, und Simsalabim ...! Wie viele fehlen?

verschiedene Obstsorten, Tuch

Lebensmittelrätsel

Von unterschiedlichen Lebensmitteln, wie Brot, Gurke, Tomate, Apfel, Käse usw., wird jeweils ein Stück abgeschnitten. Dann werden alle Stücke auf einen großen Teller gelegt. Die Lebensmittel, von denen die Stücke abgeschnitten wurden, werden aufgereiht und es wird jeweils ein kleiner Teller danebengestellt. Jetzt beginnt das Rätselraten: Welches Stück gehört zu welchem Lebensmittel? Die Kinder sollen die passenden Stücke zuordnen.

Danach können sie die verschiedenen Lebensmittel probieren. Und als Abschluss folgt natürlich eine deftige Brotzeit zur Belohnung: Brote mit Tomate, Käse usw. und dazu die Obststücke.

Wenn die Kinder noch sehr klein sind, kann man die Stücke auch vor ihren Augen abschneiden.

Material

großer Teller, mehrere kleine Teller, Messer, unterschiedliche Lebensmittel (z. B. Brot, Obst, Tomate, Gurke, Käse usw.)

Kling, Glöckchen, ...

Die Tagesmutter legt auf ein Tablett Glöckchen und Glocken unterschiedlicher Größe, je nachdem, was im Haushalt vorhanden oder einfach zu besorgen ist.

Jetzt lassen die Kinder alle Glöckchen klingen, später kommen weitere Klanginstrumente hinzu, wie z. B. Xylophon, Triangel und eventuell eine Fahrradklingel. Dann wird Musik gemacht: Die Tagesmutter gibt dabei per Signal an, welches Glöckchen oder welcher Klang nacheinander erklingen soll.

Wenn die Kinder die Glöckchen und Klanginstrumente ausreichend erforscht haben, folgt ein Versteckspiel: Ein Kind versteckt sich mit einem der Klangkörper. Auf ein Zeichen der Tagesmutter (z. B. Zuruf) hin lässt es sein Klanginstrument erklingen. Die anderen Kinder suchen nun nach dem Klangverursacher und seinem Instrument. Ist es gefunden, dann wird es auf ein Extra-Tablett gelegt und scheidet für den weiteren Spielverlauf aus. Das Spiel geht so lange, bis entweder alle Instrumente verwendet wurden oder die Konzentration der Kinder nachlässt.

Hinweis

Hier wird das genaue Hin- und Zuhören und damit die Konzentration eingeübt, eine wichtige Fähigkeit, die für Kinder nicht ganz einfach zu erlernen ist.

Material

zwei Tabletts, viele unterschiedlich große Glöckchen, Triangel, Xylophon, Fahrradklingel o. Ä.

Tamburinlauf

Die Tagesmutter zeigt den Kindern ein Tamburin oder eine Handtrommel. Jetzt wird erst einmal das Instrument erkundet ... Danach erklärt die Tagesmutter den Spielablauf: Wenn das Tamburin erklingt, bewegen sich die Kinder entsprechend den Tamburinschlägen. Wird das Tamburin schnell geschlagen, machen die Kinder schnelle Schritte. Bei langsamen Schlägen gehen sie langsam. Wichtig: Die Kinder sollen die unterschiedlichen Geschwindigkeiten im Wechsel spüren. Beherrschen die Kinder die Grundzüge des Spiels, dann kann ein einfacher Rhythmus eingeübt werden, z. B. zweimal langsam, zweimal schnell.

Variation

Das Spiel kann auch mit unterschiedlichen Fortbewegungsarten gespielt werden, z. B. auf Zehenspitzen gehen, krabbeln, schleichen ...

Material

Tamburin oder Handtrommel

Die bunte Woche

An jedem Tag dieser Projektwoche wird eine andere Farbe thematisiert. Das Tageskind und die Tagesmutter kleiden sich in der jeweiligen Tagesfarbe, wobei auch Halstücher oder Schals möglich sind. Dann begeben sie sich auf die Suche danach, welche Gegenstände in der Tagesfarbe es in der Wohnung gibt. Sie entdecken die Farbe auch auf Bildern und überlegen sich Aktionen und Spiele mit der Farbe, z. B. Malen mit Wachsmalblöcken oder -stiften, Wasserfarben oder Fingerfarben, ein Tanz mit farbigen Tüchern usw. Zu essen gibt es natürlich auch etwas in dieser Tagesfarbe! Und zum Wochenabschluss gibt es eine bunte Brotzeit mit Obstsalat und Rohkost mit allen Tagesfarben.

Beispiele

Der gelbe Montag: Lebensmittel in der Farbe Gelb, z. B. Banane, Eidotter, Orangensaft
Der rote Dienstag: rote Rüben, roter Apfel
Der blaue Mittwoch: blaue Weintrauben, Pflaumen
Der grüne Donnerstag: grünes Gemüse (z. B. Zucchini), frische Kräuter
Der braune Freitag: Wurst, brauner Zucker, Haselnüsse

 Leuchtbilder

In einem Viertelliter Wasser in einer Schüssel werden zur Vorbereitung fünf Teelöffel Zucker aufgelöst und weiße und bunte Kreiden (z. B. Straßenkreiden) hineingelegt, sodass diese sich vollsaugen können. Sobald die Kreiden zu Boden sinken, also nach circa zehn Minuten, ist die Zuckerkreide fertig. Die Farbkreiden werden dann auf einen Teller gelegt und nun kann der Malspaß auf den verschiedensten Untergründen beginnen! Sobald die nasse Kreide trocknet, entstehen wunderbare, leuchtende Bilder

- auf der Terrasse oder auf einem Weg,
- auf schwarzem Tonpapier (besonders eindrucksvoll z. B. mit nur weißer Kreide, als Winterbild mit Schneeflocken),
- auf weißem Papier oder farbigem Tonpapier (Die fertigen Bilder können laminiert als Tischsets verwendet werden, z. B. bei der Tagesmutter, für zu Hause oder als Geschenk),
- auf einem großen Packpapierbogen, auf den alle gemeinsam ein Gruppenbild malen (z. B. als Wandbild für das Spielzimmer),
- auf Tontöpfen, auf denen die Bilder anschließend mit Haarspray fixiert werden (Mit einer Blume oder

Pflanze darin eignen sie sich sehr gut als Geschenk zum Muttertag).

bunte Kreiden (z. B. Straßenkreiden), Zucker, Wasser, Schüssel, Teller, schwarzes, weißes oder farbiges Papier bzw. Tonpapier, Packpapierbögen, Tontopf, Haarspray

Schäumender Spiegel

Ein Spiegel wird auf den Tisch oder den Boden gelegt. Die Kinder sitzen zunächst um den Spiegel herum und entdecken ihr Spiegelbild. Dann sprüht die Tagesmutter Rasierschaum auf den Spiegel und die Kinder malen damit – nur mit dem Finger oder auch mit der ganzen Handfläche – nach Lust und Laune. Der Schaum wird zu einer schönen, fast meditativen Erfahrung für den Tastsinn, die die Kinder gerne und ausgiebig genießen.

Hinweis

Mit der Zeit wird die Scheu der Kinder vor dem neuen Material abnehmen. Rasierschaum schmeckt zwar scheußlich, achten Sie aber dennoch darauf, dass er nicht verschluckt oder eingeatmet wird. Es empfiehlt sich, eine Küchenpapierrolle oder ein Handtuch zum Abputzen der Hände bereitzuhalten.

Material

Spiegel, Rasierschaum, Küchenpapier oder Handtuch

 Fühlstraßen, -kisten und -säckchen

Fühlstraße

In mehrere Schuhkartondeckel werden unterschiedliche Materialien gegeben, wie z. B. Steine, Stoffe, Watte, Vogelsand, Schmirgelpapier, Federn, Stöckchen usw. Dann werden die Schuhkartondeckel hintereinander zu einer Straße ausgelegt, wobei jeweils auf den Kontrast der Materialien geachtet werden sollte (also z. B. rau – sanft, hart – weich).

Danach gehen die Kinder barfuß über diese Fühlstraße. Am besten geht die Tagesmutter als Erste darüber und fordert dann die Kinder dazu auf, es ihr nachzutun. Für manche Kinder ist es leichter, wenn ihnen dabei die Hand gehalten wird.

Material

mehrere Schuhkartondeckel, unterschiedliche Fühlmaterialien für die Füße

Fühlkisten

In Schuhkartons werden verschiedene Fühlmaterialien gegeben, die unterschiedliche Tasterfahrungen ermöglichen (z. B. Kastanien, Stöckchen, Sand, Blätter, Steine, kleine Zapfen, Wolle, Noppenfolie, Topfreiniger etc.). Dann werden die Kartons mit ihren Deckeln verschlossen. In die Deckel wird jeweils ein Schlitz geschnitten, sodass die Kinder mit den Händen in die Kartons hineingreifen können, aber nicht der gesamte Inhalt sichtbar wird. Die Kinder greifen nun durch die Schlitze und befühlen die unterschiedlichen Materialien. Manche Kinder können diese vielleicht schon benennen.

Material

Schuhkartons, unterschiedliche Fühlmaterialien für die Hände

Fühl- oder Tastsäckchen

Es werden mehrere längliche Stoffsäckchen (ca. 20 x 8 cm) hergestellt, jeweils mit einem Material (z. B. Erbsen, Bohnen, Reis oder Linsen) befüllt und dann zugenäht. Jetzt können die Kinder die Säckchen betasten und den Inhalt befühlen.

Die Säckchen eignen sich auch zum Balancieren auf dem Kopf. Wer mag, kann damit sogar einen kleinen Hindernisparcours versuchen, also z. B. auf einen Schemel klettern und herunterspringen – ist das Säckchen noch da?

Material

längliche Stoffsäckchen (evtl. selbst gebastelt), Nähzeug, Füllmaterial (z. B. Erbsen, Bohnen, Reis, Linsen)

 # Massagespiele

Kinder lieben es, massiert zu werden. Ältere Kinder können sich unter Anleitung der Tagesmutter auch gegenseitig massieren.

Pizzabacken

Ein Kind liegt auf dem Bauch. Auf seinem Rücken wird jetzt Pizza gebacken: Erst wird der Pizzateig geknetet und ausgerollt.

Mit den Fäusten über den Rücken kneten und dann darüberstreichen

Danach kommt die Tomatensoße

Mit der flachen Hand über den Rücken fahren

und der Belag: Erbsen

Mit den Fingerspitzen auf den Rücken tupfen

und Salami.

Mit der flachen Hand den Rücken leicht patschen

Am Schluss wird Käse darübergestreut.

Mit allen Fingern schnell über den Rücken laufen

Und die Pizza muss jetzt natürlich noch in den Ofen geschoben werden!

Das liegende Kind an den Fußsohlen anschieben

Wettermassage

Ein Unwetter zieht auf! Auf den Rücken der Kinder lassen wir es mit unseren Fingern und Händen erst tröpfeln,

Mit den Fingerspitzen auf den Rücken tupfen

dann regnen. Der Regen wird immer stärker.

Mit den Fingerspitzen schneller und fester tupfen

Jetzt fängt es auch noch an zu hageln.

Mit den Knöcheln der Hand auf den Rücken klopfen

Dann klingt das Unwetter langsam wieder ab. Der Regen wird weniger

Mit den Fingerspitzen wieder langsamer und sanfter tupfen

und es tröpfelt nur noch.

Mit den Fingerspitzen auf den Rücken tupfen

Am Ende kommt die Sonne wieder heraus!

Spiele zum Festefeiern

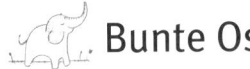 Bunte Ostereier

Tinten-Eier

Zwei Gefäße, die sich zum Eierfärben eignen, werden mit verdünnter Tinte gefüllt: In ein Gefäß wird blaue Tinte geschüttet, in das andere rote Tinte. Dann werden die ausgeblasenen Eier in die blaue und die rote Tinte gehalten, bis sie genug Farbe angenommen haben. Wenn die Eier trocken sind, können die Kinder mit Tintentod-Stiften darauf herummalen. So erscheint auf dem farbigen Ei ein weißes oder braunes Muster. Legt man anschließend die Eier mit diesen Mustern in die jeweils andere Farbe als die Grundfarbe, so werden sie lila, die Muster dagegen entweder blau oder rot.

Material

ausgeblasene Eier, zwei Gefäße, blaue und rote Tinte, Wasser, Tintentod-Stift

Wachs-Eier

Fertig gefärbte Eier werden mit buntem oder weißem Wachs betropft (z. B. von alten Christbaumkerzen), natürlich nur gemeinsam mit der Tagesmutter!

gefärbte Eier, buntes oder weißes Wachs

Schnipsel-Eier

Diese Osterbastelei eignet sich schon für die Kleinen:
Buntes Transparentpapier wird in Schnipsel gerissen
und dann werden die Schnipsel von den Kindern kreuz
und quer (auch überlappend) auf die ausgeblasenen
oder gekochten Eier geklebt.

gekochte Eier, bunte Transparentpapierschnipsel,
Kleister

Oarscheibn – Eierrollen

Ein altes bayerisches Kinderspiel, das übersetzt in etwa „Eierrollen" heißt.

Zwei Besenstiele o. Ä. werden nah beieinander schräg an die Sitzfläche eines Stuhls gelehnt, sodass die gekochten Ostereier darauf nach unten rollen können. Der Boden sollte dabei nicht zu hart sein, damit die Eier nicht gleich kaputtgehen. Jeder Mitspieler erhält die gleiche Anzahl an Geldstücken (z. B. Ein-Cent-Stücke) in einem kleinen Becher.

Alle Kinder lassen nun nacheinander jeweils ein Ei über die Bahn rollen. Auf jedes Ei wird nach dem Rollen ein Geldstück gelegt. Stößt ein Ei an ein anderes und das Geldstück fällt herunter, darf das betreffende Kind dieses Geldstück in sein eigenes Gefäß legen und der Mitspieler, dem das angestoßene Ei gehört, muss es aus seinem Vorrat wieder mit Geld „bestücken". Das Spiel kann drinnen in einem Raum gespielt werden, ist aber am Schönsten im Freien auf einer Wiese.

Tipp

Zum Abschluss einen leckeren Eiersalat aus gekochten Eiern, Erbsen und Mayonnaise zaubern und gemeinsam verzehren!

Hinweis

Wenn die Kinder noch sehr klein sind, reicht es aus, sich daran zu freuen, wie weit die Eier rollen und welches am weitesten gerollt ist.

Material

zwei Besenstiele, Stuhl, gekochte Eier, kleine Münzen, kleine Becher, evtl. Zutaten für Eiersalat

Hand- oder Fußabdruck?

Diese Bastelarbeit ist ein schönes Erinnerungsstück und eignet sich besonders gut als Geschenk zum Mutter- oder Vatertag: In eine Pralinenschachtel oder deren Deckel (eventuell in Herzform) wird der angerührte Gips gegossen. Soll der Abdruck später an die Wand gehängt werden, dann wird vor dem Einfüllen des Gipses noch ein schönes Band in die Schachtel gelegt, und zwar so, dass es über den Rand hängt.

Nach einer kurzen Antrocknungszeit drückt das Kind seine Hand oder seinen Fuß flach in den Gips, und schon ist ein Abdruck erstellt. Mit Fingerfarben kann dieser noch farbig gestaltet werden. Vielleicht gibt es zum Muttertag den Handabdruck und zum Vatertag den Fußabdruck?

Material

Pralinenschachtel oder -deckel (evtl. in Herzform), Gips, Wasser, ein schönes Band, evtl. Fingerfarbe

Mini-Kunst

Eine weitere Bastelidee, mit der schon die Kleinen ein tolles Geschenk zum Mutter- oder Vatertag zaubern: Eine quadratische Mini-Leinwand wird zunächst mit Fingerfarben bemalt. Anstelle einer Leinwand kann auch eine stabile Pappe oder Fotokarton verwendet werden.

Wenn die Farbe trocken ist, werden auf die Leinwand, je nach Idee, Materialien geklebt, wie z. B. bunte Muggelsteine, Federn, dünne Stöckchen, Glitzerpapier oder auch ein kleines Schokoherz. Auch hier gilt: weniger ist mehr!

Material

Mini-Leinwand (ca. 20 x 20 cm) oder stabile Pappe bzw. Fotokarton, Fingerfarben, unterschiedliche Deko-Materialien (z. B. Federn, Muggelsteine, dünne Stöckchen, Glitzerpapier, Schokoherz), Kleber

Rutschauto-Rallye

Zu Beginn wird die Start- und die Ziellinie festgelegt. Dazwischen werden einige Hindernisse, z. B. aus umgedrehten Eimern, aufgebaut. Jedes Kind soll nun um diese Hindernisse herumfahren. Die Kinder starten einzeln und nacheinander. Ziel ist es, den Parcours zu schaffen. Bei kleinen Kindern gilt es von Anfang an, einen Wettkampfcharakter zu vermeiden. Wichtig ist der Spaß an dem Parcours. Wird z. B. ein Kübel umgeworfen, dann wird er wieder aufgestellt und der kleine „Rallyefahrer" beginnt von vorne oder macht einfach weiter (je nach Alter und Einschätzung durch die Tagesmutter).
Ein beliebtes Spiel zum Sommerfest. Ältere Geschwister und Erwachsene können in einer eigenen Klasse antreten, indem sie ein Knie auf das Rutschauto auflegen und mit dem anderen Bein anschieben.

Material

Rutschauto, Hindernisse (z. B. Eimer)

 # Mini-Olympiade

Hindernislauf

Eine Strecke wird mit kleinen Hindernissen ausgestattet, die die Kinder bewältigen müssen, z. B. über etwas klettern (Hocker), durch etwas hindurchkriechen (Kriechtunnel, Tisch), um etwas herumrennen. Am Ziel gibt es eine kleine Belohnung.

Material

Gegenstände, die sich als Hindernisse eignen (Hocker, Kriechtunnel, Tisch o. Ä.)

Kartoffellauf

Jedes Kind bekommt eine Kartoffel auf die ausgestreckte Hand – ohne sie festzuhalten – und muss damit eine vereinbarte gerade Strecke bewältigen. Fällt die Kartoffel herunter, dann fängt der Spaß für das betreffende Kind von vorne an (die Tagesmutter entscheidet dies je nach Alter der Kinder).

Material

Kartoffeln

Schatzsuche

In einem Sandkasten wird gemeinsam mit den Kindern ein hoher Sandhaufen aufgeschüttet. Von den Kindern unbemerkt, versteckt die Tagesmutter einen geheimen Schatz darin, z. B. eine vergoldete Walnuss, ein kleines Auto o. Ä.

Auf ein Zeichen der Tagesmutter hin darf nun nach dem Schatz gebuddelt werden, alle zusammen oder auch jeder einzeln.

Material

Sandkasten, ein „Schatz" (vergoldete Walnuss, kleines Spielzeug o. Ä.)

Becherlauf

Jedes Kind erhält einen Becher, der zu drei Vierteln mit Wasser gefüllt ist. Auf einer Fläche im Freien werden nun Start- und Ziellinie vereinbart. Jedes Kind versucht, die Strecke mit möglichst wenig Wasserverlust zu bewältigen. Am Schluss werden die Becher nebeneinandergestellt und der Wasserstand wird verglichen – und dann werden die Becher nach der Anstrengung natürlich ausgetrunken!

Tipp

Mit einer leckeren Frucht drin (z. B. einer Erdbeere) wird der Becherinhalt noch interessanter, und auch wenn alles Wasser verschüttet wurde, bleibt noch eine essbare Belohnung.

Hinweis

Bei diesen Spielen geht es nicht um Sieger und Verlierer, da die Tageskinder in der Regel nicht gleich alt sind und in der Kleinkindphase Spiele mit Wettbewerbscharakter noch nicht sinnvoll sind.

Material

Plastikbecher, Wasser, evtl. Früchte

 Glitzernder Christbaum-schmuck

Aus zweifarbiger Goldfolie basteln die Kinder eine Girlande. Dazu schneidet die Tagesmutter mehrere, circa zehn mal zwei Zentimeter große Streifen von der Goldfolie ab. Die Kinder kleben die einzelnen Streifen nun an den beiden Enden zu einem „Kringel" zusammen. Sobald ein „Kringel" fertig ist, wird ein weiterer Streifen durch diesen gelegt und das Ende zu einem weiteren „Kringel" verklebt. So entsteht eine Kette mit vielen Gliedern, die an Weihnachten den Christbaum glänzen lässt!

Variation

Wenn man die Goldfolie-Kringel einzeln mit einem Faden am Baum aufhängt, ergibt das ebenfalls einen schönen glitzernden Christbaumschmuck, der im Drehen seine zwei Farben zeigt.

Material

zweifarbige Goldfolie, Schere, Kleber, evtl. Faden

Waldweihnacht

Eine Weihnachtsfeier im Wald ist für die Kinder ein sehr eindrucksvolles Erlebnis. Zur Vorbereitung packt die Tagesmutter ein Paket, das kleine Geschenke für jedes Kind enthält, umwickelt es mit Goldfolie und sucht im Wald einen geeigneten Baum aus (z. B. ein kleines Tannenbäumchen).

Sobald es dunkel wird, geht sie mit den Eltern und den Kindern in den Wald. Die Eltern erhalten Fackeln oder Wunderkerzen. Auf ein Zeichen hin machen die Eltern mit den Kindern eine kurze Pause und die Tagesmutter geht voraus, um schnell noch Kerzen am Baum anzubringen und anzuzünden und das Geschenkpaket unter den Baum zu legen.

Sobald die Kinder mit den Eltern angekommen sind, werden geeignete Lieder gesungen, das Paket wird bestaunt und zurück nach Hause mitgenommen, wo es unter großer Spannung geöffnet wird. Je nachdem, wie kalt es ist, kann die Feier auch im Wald weitergehen. Zum Abschluss gibt es heißen Tee und Plätzchen.

Material

kleine Geschenke für die Kinder, Geschenkpaket, Goldfolie, Fackeln oder Wunderkerzen, Christbaumkerzen und -halter, Feuerzeug, Tee, Plätzchen

 Flaschendrehen – ein tierisches Vergnügen

Alle, auch die Tagesmutter, sitzen mit gegrätschten Beinen im Kreis auf dem Boden, sodass sich ihre Füße berühren. Die Tagesmutter dreht die Flasche in der Mitte Kreises. Derjenige, auf den die Flasche zeigt, wenn sie wieder stillsteht, verwandelt sich in ein Tier und darf nun als dieses Tier mit den entsprechenden Geräuschen außen um den Kreis laufen. Entweder das Kind wählt selbst ein Tier aus oder die anderen Kinder bzw. die Tagesmutter schlagen ein Tier vor.

Variation

Das Kind, auf das die Flasche zeigt, denkt sich ein Tier aus, ohne es laut auszusprechen. Die anderen müssen nun anhand der pantomimischen Darstellung erraten, um welches Tier es sich handelt.

Material

Flasche

Klingender Luftballon

An eine Schnur werden mehrere aufgeblasene Luftballons geknüpft. Diese Luftballonschnur wird dann in Kopfhöhe der Kinder aufgehängt. In einen der Luftballons aber wurde vor dem Aufblasen ein kleines Glöckchen gelegt, ohne dass die Kinder dies mitbekommen haben. Jetzt beginnt das Ratespiel: Welcher Luftballon kann klingen? Nacheinander tippt jedes Kind einen Luftballon an, bis der klingende Ballon gefunden ist.

Danach kann eine neue Runde beginnen, indem die Luftballons in einer anderen Reihenfolge aufgehängt werden. Wer findet jetzt das Glöckchen? Zum Abschluss werden alle Luftballons abgenommen und die Kinder spielen mit ihnen – in der Luft und auf dem Boden. Vielleicht platzt dabei auch der klingende Ballon und gibt damit sein Geheimnis preis?

Material

mehrere Luftballons, Glöckchen, Schnur

Spiele für die Sprachentwicklung

„Ssss ...!" – Schwirren wie die Bienen

Am schönsten ist dieses Spiel auf einer grünen Wiese mit viel Platz zum Drehen, Rennen, Ausweichen und Nachlaufen. Die Tagesmutter erzählt von den Bienen. Vielleicht hat sie auch ein Bilderbuch dabei, in dem Bienen eine Rolle spielen. Dann verwandeln sich alle Mitspieler (auch die Tagesmutter) in Bienen, indem sie ihre Arme weit zur Seite ausbreiten, sich um die eigene Achse drehen und stimmhafte S-Laute von sich geben. Die Bienchen müssen entweder einander ausweichen oder sie berühren sich absichtlich.

Und sie können natürlich auch stechen, indem ein Kind ein anderes mit dem Finger in die Seite stupst. Das bedeutet, dass die Kinder vor den anderen stechenden Bienchen Reißaus nehmen müssen, und damit wird es ein lebhaftes Laufspiel. Aber: Die Bienchen sollen auch dabei weiter den S-Laut machen!

Die Tagesmutter kann diese Lautübung auch in eine spannende Geschichte einbinden: Was sieht das Bienchen? Was erlebt es? Was wünscht es sich? Wen trifft es unterwegs?

Variation

Während des Spiels kann auch zwischen stimmhaftem und stimmlosem S-Laut gewechselt werden.

Hüpfende Silben

Zuerst werden die Namen der Anwesenden mit Silben geklatscht: „Jo-han-na", „Mi-cha-el" usw. In der nächsten Runde werden die Namen dann gehüpft, indem die Kinder bei jeder Silbe mit beiden Beinen zugleich nach vorne hüpfen. Darauf können Wörter folgen, die die Kinder selbst nennen: Die Tagesmutter fragt die Kinder, welches Wort als Nächstes gehüpft werden soll. Hierbei ist es wichtig, auch diejenigen Kinder zu motivieren, die stiller sind, wenig sprechen oder erst wenige Worte im aktiven Sprachschatz haben.

Variation

Pro Silbe wird ein großer Schritt gemacht oder jede Silbe mit einem Tamburinschlag begleitet.

Material

evtl. Tamburin

Tsch, tsch, tsch, die Eisenbahn ...

Dieses bekannte Spiellied ist ein wahrer Schatz für den Zischlaut „Tsch" und soll deshalb hier nicht fehlen! Zuerst muss die Dampflok angeheizt werden und der Dampf strömt noch langsam aus: Alle machen „Tsch, tsch, tsch" – erst ganz langsam, dann schneller. Dann wird die Tagesmutter zur Lokomotive. Sie singt das folgende Lied und alle Kinder geben zugleich den Tsch-Laut von sich:

Tsch, tsch, tsch, die Eisenbahn,
wer mitfahrn will, der hängt sich an.
Alleine fahren mag ich nicht,
da nehm ich mir den/die ... *(Name einsetzen)* mit.

Während die Lokomotive ihre Bahn zieht, wird bei jeder Strophe das Kind, dessen Name genannt wird, als „Waggon" angehängt. Dazu legt es dem Mitspieler vor ihm die Hände auf die Schultern. Ist der Zug vollständig, dann beginnt eine spannende Zugfahrt über Berge, durch Tunnel und über Brücken.

Bilderbuchkino

Eine Bilderbuchbetrachtung ist eine wahre Fundgrube für den Spracherwerb. Die Bilder können auch unabhängig von der eigentlichen Geschichte betrachtet werden: Was entdeckt das Kind auf einer Bilderbuchseite? Was macht z. B. die Katze oder der Hund gerade? Warum machen sie das? Wie schaut die Katze bzw. der Hund? Böse oder traurig? In Bilderbüchern sind die Gefühle der dargestellten Personen oder Tiere in der Regel deutlich erkennbar.

Für das Bilderbuchkino einzelne Seiten kopieren, eventuell vergrößern/laminieren und einzeln in einem Rahmen oder einem Erzähltheater (z. B. Kamishibai) betrachten. Die Bilder können auch einzeln nacheinander auf einer Wäscheleine auf Augenhöhe der Kinder aufgehängt, betrachtet und besprochen werden.

Hinweis

Durch das offene Gespräch über die Bilder wird der aktive Sprachschatz der Kinder gefördert und die Tagesmutter erfährt etwas über die Kinder, deren Sicht und oft auch deren momentane Gefühlslage.

Material

Bilderbuch, Kopien aus dem Buch, evtl. Laminiergerät, Erzähltheater, Rahmen oder Wäscheleine mit Klammern

Blubb, blubb, blubb

Tassen werden zur Hälfte mit Wasser gefüllt und jeweils ein Strohhalm in sie hineingestellt. Dann dürfen die Kinder in die Strohhalme blasen. Dies ist ein großer Spaß für die Kinder und dient gleichzeitig der Ausbildung der Lippenmuskulatur.

Wenn die Kinder diese Übung beherrschen, kann aus dem Spiel auch eine kleine Geschichte werden, z. B. über die Erlebnisse einiger kleiner Fische in einem Meer, See oder Fluss. Die Tagesmutter entwickelt die Geschichte und die Kinder blubbern an den passenden Stellen. Vielleicht kommen auch jeweils nur einzelne Kinder zum Einsatz. Und nach dem ganzen „Geblubbere" wird natürlich getrunken ...

Hinweis

Die Lippenmuskulatur muss bei kleinen Kindern erst noch ausgebildet und der Lippenschluss erlernt werden.

Material

Tassen und Strohhalme

 Geschichten – selbst gemacht

Spracherwerb gelingt bekanntlich nur durch Selbersprechen. Dies wird angeregt, wenn die Tagesmutter mit den Kindern selbst eine Geschichte entwickelt. Dazu reicht eine Geschichte mit ganz einfacher Handlung, z. B. von einer Maus, die im Wald einiges erlebt. Wo wohnt die Maus? Was isst sie gerne? Wer sind ihre Freunde? Wovor fürchtet sie sich?

Die einzelnen Szenen der Geschichte werden von der Tagesmutter auf DIN-A4-Blätter gemalt. Dafür sind keine künstlerischen Fähigkeiten erforderlich, es genügt eine einfache Malweise.

An einer Wäscheleine in Kopfhöhe der Kinder aufgehängt, werden die Bilder zur „Geschichte an der Leine". So können sie immer wieder neu gruppiert und erzählt werden.

Tipp

Es können auch bestimmte Elemente, wie etwa hier die Maus, aus einem Buch mehrfach kopiert und so auf die Seiten mit den Szenen geklebt werden, wie es dem Geschichtenverlauf entspricht. Der Hintergrund (z. B. Wald oder Wiese) kann mit den Kindern gemeinsam gestaltet werden.

DIN-A4-Blätter, Stifte, evtl. aus einem Buch kopierte Elemente (z. B. eine Maus), Wäscheleine

Die Theaterschachtel

Geschichten können als kleine Theaterstücke wunderbar in einer Schachtel (z. B. einer Schuhschachtel) dargestellt werden. Eine solche Theaterbühne eröffnet Kreativität und Gestaltungslust neuen Spielraum.

Die Schachtel wird auf die Längsseite gestellt und je nach Geschichte mit entsprechenden Utensilien bestückt. Für eine Zwergengeschichte im Wald eignen sich z. B. Blätter, Stöckchen, Steine, Kastanien etc. Der Zwerg selbst kann dann aus einem Stein, einer Kastanie oder einer Eichel entstehen, mit einer aufgeklebten Mütze aus Stoff oder buntem Papier.

Variation

Je nach Jahreszeit kann das Thema variieren. Ein solches Schuhkarton-Theater eignet sich auch als Mittelpunkt eines ganzen Jahreszeitentisches.

Material

Schuhschachtel, Naturmaterialien, kleines Stück Stoff oder buntes Papier, Kleber

Vokalsuchspiel – AEIOU

Gemeinsam mit den Kindern wird nach Wörtern gesucht, die mit Vokalen beginnen. Die Tagesmutter macht den Anfang, z. B. mit „Oma", und fragt die Kinder, wer noch ein Wort kennt, das mit einem „O" anfängt. Dann folgen die anderen Vokale: Was fängt mit einem „A" an? – die Amsel. Was fängt mit einem „E" an? – der Esel ...
Vielleicht haben die Kinder Namen, die mit Vokalen beginnen? Schön ist es, wenn die Tagesmutter zu den Wörtern Bilder zeigt. So ist es gerade für die kleineren Kinder leichter, das geeignete Wort zu formulieren.

Material

Bilder, auf denen die abgebildeten Gegenstände mit Vokalen beginnen

Tierisches Rätselraten

Mit größeren Kindern kann schon ganz konkret nach Wörtern gesucht werden. Wichtig ist hier, Tiere zu wählen, die die Kinder schon kennen, z. B. aus einem Tierbilderbuch.

Beispiel

Welches Tier fängt mit einem „K" an? – die Katze. Welches Tier mit beginnt mit einem „G"? – eine Giraffe. Und welches mit einem „H"? – der Hund ...

Variation

Das Tier hat seinen Anfangsbuchstaben verloren: Die Tagesmutter lässt den Anfangsbuchstaben des Tiernamens weg und die fragt die Kinder, wie das Tier denn richtig heißt. Sie sagt also z. B.: „Ich kenne eine ...atze, der fehlt am Anfang ein Buchstabe. Welcher ist es?"

Fingerspiel bzw. Kniereiter mit Gedächtnislücke

Zunächst wird ein bekanntes Fingerspiel oder ein Kniereitervers ausgewählt und mit den Kindern wiederholt durchgeführt, bis die Kinder auch selbst den Vers sprechen können. Wenn der Vers zusätzlich geklatscht wird, ist der Rhythmus besser spürbar und hilft, sich so den Reim besser zu merken.

An manchen Stellen „vergisst" die Tagesmutter dann, wie der Vers weitergeht. Die Kinder sprechen nun selbst diese fehlende Stelle und die Tagesmutter fährt mit dem Vers fort bis zur nächsten „Gedächtnislücke".

Beispiel

Hoppe, hoppe, *(Reiter)*,
wenn er fällt, dann *(schreit er)*.
Usw.

Kinder merken sich Reime leichter als ungereimte Texte, insbesondere, wenn sie rhythmisch gesprochen werden. Daher ist dieses Sprachspiel oft bereits mit kleineren Kindern möglich. Fingerspiele und Kniereiter sind seit vielen Generationen eine Schatzkiste des Spracherwerbs!

Spiele zum Ruhigwerden

 Trommelmassage

Ein Kind liegt auf dem Bauch, ein anderes Kind oder die Tagesmutter trommelt nun mit zwei aufgeblasenen Luftballons auf dem Rücken des Kindes, von den Schultern über den Rücken nach unten und wieder zurück. Zum Abschluss kann die Tagesmutter auch mit beiden Händen von oben nach unten über den Rücken streichen. Nach der Trommelmassage folgt eine ausgiebige Phase der Ruhe.

Hinweis

Mit Luftballons zu trommeln ist für diejenigen Kinder eine gute Möglichkeit, denen der direkte Kontakt bei einer Massage mit den Händen zu nah ist. Beim Trommeln mit Luftballons können sie außerdem selbst „Luft ablassen", ohne jemandem wehzutun!

Material

aufgeblasene Luftballons

Klang und Schwingung

Der Klang einer guten Klangschale hat eine faszinierende und beruhigende Wirkung auf die Kinder. Die Tagesmutter schlägt die Klangschale an und alle Kinder lauschen dem Ton hinterher, bis der letzte leise Klang verklungen ist. Dann kommt eines der Kinder dran und schlägt die Klangschale an. Wieder horchen alle usw. Die Klangschale befindet sich dabei entweder auf einer Unterlage oder die Tagesmutter hält sie auf ihrer Handfläche.

Variation 1

Die Klangschale wird an die Fußsohlen gehalten. Hier ist der Klang nicht nur zu hören, sondern auch gut zu spüren.

Variation 2

Die Klangschale wird bis zu etwa einem Drittel mit Wasser gefüllt und dann wird mit einem entsprechenden Schlägel an ihrem oberen Rand entlanggerieben.

So entsteht ein beeindruckender, Raum füllender, tiefer Klang und gleichzeitig fängt das Wasser durch die Schwingung zu „sprudeln" an. Ein besonderes Erlebnis für alle Kinder! Gibt man einige Tropfen bunter, wasserlöslicher Farbe in das Wasser, dann werden die Schwingungen noch besser sichtbar.

Klangschale und Schlägel, Wasser, wasserlösliche Farbe

 # Es regnet

Auf einem Tisch stehen unterschiedliche leere Gefäße, eines davon aus Metall. Jedes Kind gibt nun nacheinander mit einer kleinen Kanne in jedes Gefäß etwas Wasser und alle lauschen, welches Geräusch dadurch entsteht.

Wenn alle Kinder dies ausprobiert haben, hören sie mit geschlossenen Augen zu, wie die Tagesmutter Wasser auf die Wasseroberfläche in den Gefäßen tröpfeln lässt. Erst wenn nichts mehr zu hören ist, darf wieder gesprochen werden.

Material

unterschiedliche Gefäße (Schüsseln, Tassen, kleine Wannen etc.), davon eines aus Metall, kleines Kännchen oder kleiner Krug, Wasser

Räucherduft

Weihrauch zu entzünden, gehört zu den ganz besonderen Erlebnissen für Kinder, da der Duft sofort intensiv verströmt und auch Rauch zu sehen ist. Das Material hierfür erhalten Sie im Devotionalienhandel. In einem geeigneten Gefäß wird zuerst die Kohle entzündet und dann werden einige Perlen Weihrauch daraufgelegt. Der Duft des Weihrauchs veranlasst, sich auf das Riechen zu konzentrieren. Gleichzeitig können die Kinder das Spiel der Rauchfahnen beobachten und sich darauf konzentrieren.

Variation

Alternativ kann auch eine Duftlampe benutzt werden: Mit den Kindern gemeinsam werden einige Tropfen eines guten Duftöls in die Lampe gegeben. Dann wird die kleine Kerze entzündet und die Kinder können den Duft wahrnehmen.

Material

Weihrauch und Weihrauchkohle, Weihrauchgefäß oder anders kleines Kohlebecken, evtl. Duftlampe, Teelicht und Duftöl, Streichhölzer

 # Wattebauschpusten

Auf einem Tisch steht ein Teller mit mehreren Watte-
bäuschen. Die Kinder sitzen nebeneinander an einer
Tischseite und jedes Kind erhält einen Wattebausch.
Mit einem Klebestreifen wird die Ziellinie markiert. Auf
ein Zeichen der Tagesmutter hin versuchen alle, ihren
Wattebausch nach vorne zu pusten. Und das Spiel ist
natürlich nicht zu Ende, wenn der erste Wattebausch
die Ziellinie überquert hat, sondern erst dann, wenn es
alle geschafft haben, eventuell am Ende mit Verstär-
kung.
Nach dem Pusten sind dann alle „außer Puste" und
müssen sich natürlich auf den Boden legen und ausru-
hen. Die Tagesmutter macht dies mit lauten Atemge-
räuschen vor. Wenn das Glöckchen erklingt, stehen
alle wieder auf.

Material

Tisch, Teller, Wattebäusche, Glöckchen, Klebestreifen

Die rollende Kugel

Für Kinder ist die Bewegung einer Kugel und das damit verbundene Geräusch faszinierend, es fördert die Konzentration und hilft, zur Ruhe zu kommen. Eine große Holzkugel wird in einer Schale aus Holz, Porzellan oder Ton angestoßen und alle beobachten schweigend und gebannt, wie die Kugel ihre Runden dreht, bis sie vollkommen zum Stillstand gekommen ist. Erst danach darf wieder gesprochen werden. Anschließend schicken die Kinder einzeln die Holzkugel „auf die Reise". Als Nächstes folgen nacheinander unterschiedliche Kugeln, z. B. eine kleine Holzkugel, eine Glas- oder Steinmurmel und, wenn vorhanden, auch eine Klangkugel. Wie bewegen sich die verschiedenen Kugeln?

Material

Holzschale (oder Schale aus Porzellan oder Ton), große und kleine Holzkugel, Glas- und andere Murmeln, Klangkugel

Reise mit Zwergen und Wichteln

Die Tagesmutter erzählt eine Geschichte oder Fantasiereise, z. B. von Zwergen oder Wichteln in einem Wald. Was macht der Zwergenvater den ganzen Tag, was die Zwergenmutter und was das Zwergenkind? Gibt es vielleicht auch ein Zwergenbaby? Eventuell haben die Zwerge auch Namen. Und wenn die Zwerge so viel gearbeitet und erlebt haben, werden sie natürlich schrecklich müde … Die Tagesmutter gähnt und alle Kinder gähnen mit. Danach legen sich alle auf den Boden und „schlafen". Die Tagesmutter kann hierzu auch die Melodie eines Schlaflieds summen, so finden die Kinder leichter in den Ruhezustand.

Die bunte Steinspirale

Jedes Kind bemalt mehrere Steine. Wenn sie getrocknet sind, werden die Steine gemeinsam in Form einer Spirale gelegt. Der Abstand zwischen den Steinen wird mit dünnen Stöckchen ausgelegt, sodass diese die Steine miteinander verbinden. Dazu kann meditative Musik erklingen. Die einmal bemalten Steine lassen sich immer wieder verwenden.

Variation

Die Kinder zu meditativer Musik auf Stein oder Papier malen lassen.

Material

Steine, Malfarben, Stöckchen, Musik und Abspielgerät

Blütenwunder

Die Tagesmutter schneidet aus weißem oder farbigem Papier runde Blüten mit Blütenboden und Blütenblättern aus. Die Blütenblätter dürfen dabei nicht länger sein als der Durchmesser des Blütenbodens. Nachdem die Blüten zusammen mit den Kindern bemalt wurden, werden die Blütenblätter nach innen gefaltet.
Eine große flache Schüssel (oder ein Backblech mit hohem Rand) wird mit Wasser gefüllt. Jedes Kind setzt nun vorsichtig eine Blume auf die Wasseroberfläche. Alle beobachten gemeinsam, wie das „Blütenwunder" beginnt: Wie von Geisterhand öffnen sich die Blüten!

Material

weißes oder farbiges Papier, Schere, Farbe, Schüssel oder Backblech, Wasser

Der lustige Gummimann

Seht den lustigen Gummimann,
Mit allen Gliedmaßen zappeln
wie er sich streckt, so weit er nur kann!
Die Arme strecken, so hoch es geht, und dazu noch auf die Zehenspitzen stellen
Hoch die Arme
Die Hände ganz hoch halten
und tief das Bein,
In die Hocke gehen
entspannen
Sich auf den Rücken legen (fallen lassen)
und es nochmal sein!
Wieder auf die Beine springen und in die Hände klatschen

Dieser Bewegungsvers wird dreimal hintereinander durchgeführt und beim dritten Mal wird die Passage „... und es *nicht* nochmal sein!" verwendet. Dann ruhen alle auf dem Boden aus.

Don Bosco MiniSpielothek
Klein, fein, alles drin

ISBN 978-3-7698-2077-5

ISBN 978-3-7698-2076-8

ISBN 978-3-7698-2075-1

ISBN 978-3-7698-2065-2

ISBN 978-3-7698-2002-7

ISBN 978-3-7698-2000-3

ISBN 978-3-7698-2064-5

ISBN 978-3-7698-2066-9

ISBN 978-3-7698-2063-8